www.ingramcontent.com/pod-product-compliance
Lightning Source LLC
Chambersburg PA
CBHW042017110726
48006CB00004B/1127

© واحة الحكايات للنشر والتوزيع
الإمارات العربية المتحدة
واحة دبي للسليكون
Wahat Alhekayat publishing
and distribution
Dubai - UAE

UAE: 0097143336366
00971504599804
00971558236687
E: info@wahatalhekayat.com
متجر واحة الحكايات
www.wahatalhekayat.com
أكاديمية واحة الحكايات
مكتبة إلكترونية ومنصة تعليمية
www.wahatalhekayat.academy

عالم الكبار

تأليف: د. صفاء عزمي

رسوم: أسامه مزهر

ISBN 978-977-85135-1-6
رقم الإيداع بدار الكتب المصرية
2014 / 15844

أكاديمية واحة الحكايات

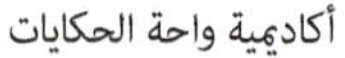

متجر واحة الحكايات

عالَمُ الكِبار

تأليف: صفـــاء عزمــي

رسوم: أسامة مزهر

قالَ باسِمٌ: أنا أشْعُرُ بِالـمَلَلِ، مَنْ مِنْكُم يُحِبُّ أنْ يَلْعَبَ مَعي؟
قالَ كريمٌ: لَقَدْ مَلَلْنا مِنَ الألعاب. وقالتْ ياسـمينةُ: دَعْني في
هُدوءٍ أُكْمِلُ قِراءَةَ الكِتاب. أحَسَّ باسِمٌ بِالحُزنِ، وقالَ: لا أحَدَ
يُحِبُّ أنْ يَلْعَبَ مَعي، لَقَدْ أصْبَحْتُم تَتَصَرَّفونَ مِثْلَ الكِبار.

قالتْ ياسمينةُ: نَحْنُ مِثْلُ
الكِبارِ؟! ها... ها... ها...
فِكْرَةٌ جَيِّدَةٌ يا باسِمُ!
هَيّا نَلْعَبُ لُعْبَةَ الكِبار.

قالَ باسِمٌ: أنا طَبيبٌ عِنْدي سَمّاعَةٌ ودَواءٌ، وبِإذْنِ اللَّهِ يَكونُ الشِّفاء، عِندي مُسْتَشْفى فيهِ سَرير، أُعالِجُ الكَبيرَ، وأُداوي الصَّغير.

قالَ كريمٌ: أنا شُرطيٌّ أُعاوِنُ الكِبارَ، وأُساعِدُ الصِّغارَ، أُحارِبُ الشُّرور، وأُنَظِّمُ المُرور، أخدُمُ بَلَدي، وأشْعُرُ بِالسُّرور.

قالَتْ ياسمينةُ: أنا مُؤَلِّفَةٌ، أَكْتُبُ قِصَصًا وأُغْنِيات.
قالَ كريمٌ: وأنا فَنّانٌ أَرْسُمُ صُوَرًا، وأُلَوِّنُ حِكايات.

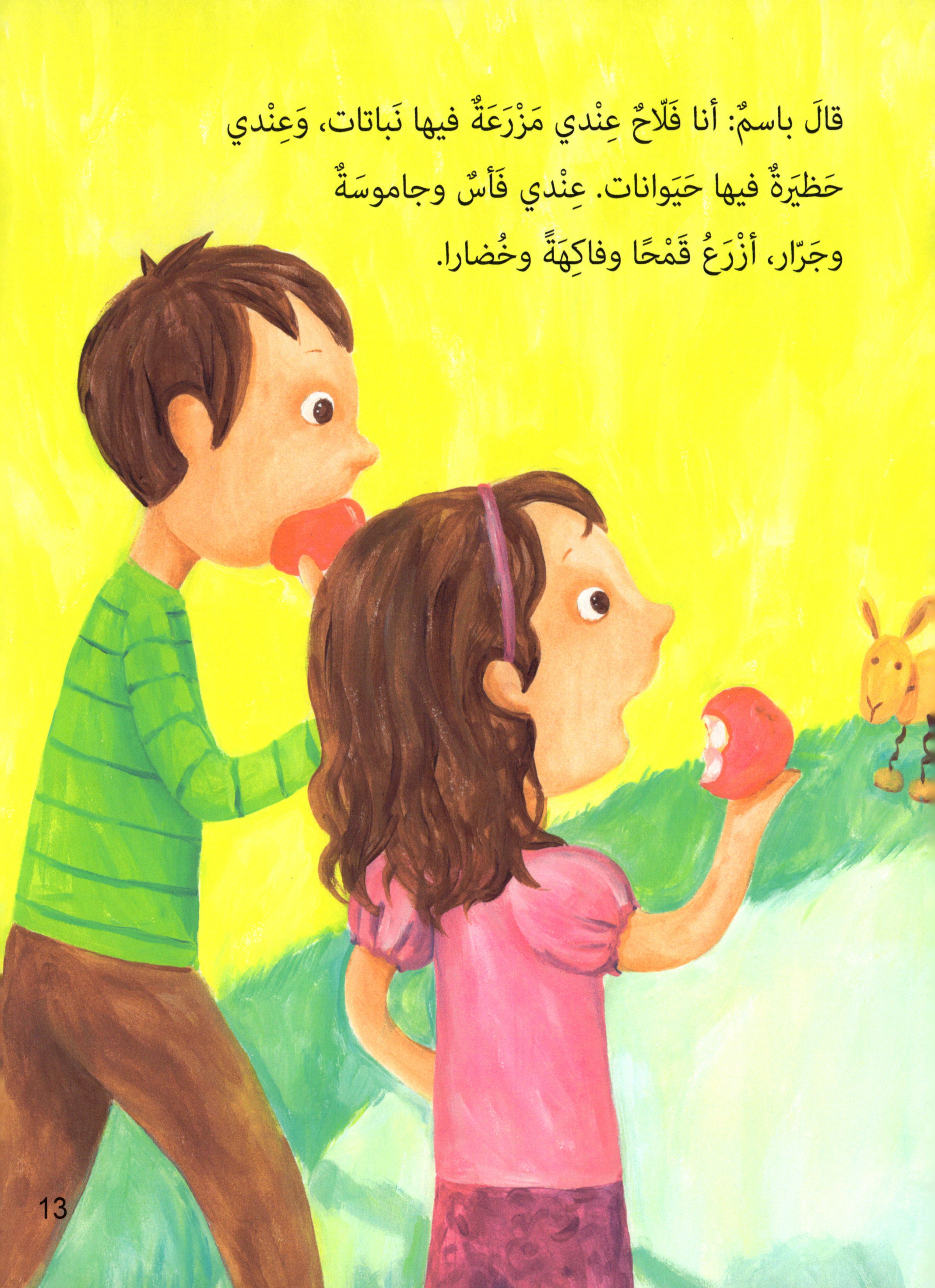

قالَ باسمٌ: أنا فَلّاحٌ عِنْدي مَزْرَعَةٌ فيها نَباتات، وَعِنْدي حَظيَرةٌ فيها حَيَوانات. عِنْدي فَأْسٌ وجاموسَةٌ وجَرّار، أَزْرَعُ قَمْحًا وفاكِهَةً وخُضارا.

قالَ كَريمٌ: أنا مُعَلِّمٌ أُعلِّمُ الصِّغار، وأحْكي لهُم حِكايَةَ دَيْناصورٍ مَشى، وَدَيْناصورٍ قَفَزَ، وَدَيْناصورٍ طار.

قالَتْ ياسمينةُ: أنا مُهَنْدِسَةٌ، أَبْني مَدينَةً، فيها شَوارِعُ وبُيوت، جُسورٌ وعِمارات. في وَسَطِها نافورَةٌ، حَوْلَها أَلعابٌ وأَنْوارٌ، زُهورٌ ونَباتات.

قالَ كَريـمٌ: أنا طَيّارٌ أزورُ البِلادَ والقارّات، وأتَعَرَّفُ على الشُّعوبِ والحَضارات. أقودُ طائِرَتي فَوْقَ السَّحاب، ومِنْ كلِّ مَدينَةٍ أُحْضِرُ لإِخْوَتي أحْلى الألْعاب.

قالَتْ ياسمينةُ: أنا رائِدَةُ الفَضاءِ، أَدْرُسُ الكَواكِبَ
والنُّجومَ، والشَّمْسَ وَالغُيومَ، وَسَطَ النّورِ والضِّياءِ،
أركَبُ الصّاروخَ، وأصْعَدُ في السَّماء.

وَأنا ماما رَبَّةُ الأُسْرَةِ، أهْتَمُّ بِالكِبار، وأرْعى الصِّغار،
وأُقيمُ أجْمَلَ حَفْلَةٍ؛ أدْعو إلَيْها الجَارَةَ والجار،
وبِالطَّبْعِ لا أنْسى أنْ أدعُوَ كُلَّ الصِّغار.

وفي الحَديقةِ سَعِدَ الكِبارِ، وفَرِحَ
الصِّغارِ، أكلوا وشَرِبوا، ضَحِكوا
ولَعِبوا، لَعِبوا جَميعًا لُعْبَةَ الكِبارِ.

بَعْدَ قِرَاءةِ القِصَّةِ أقُومُ بِبَعْضِ الأَنْشِطَةِ والنِّقَاشَات:

- اقتِـراح: أقترِحُ عُنْوانًا جَديدًا لِلْقِصَّة.

- نِقاش: هَلْ هَذِهِ القِصَّةُ حَقيقيَّةٌ أمْ خَياليَّة؟ ولِماذا؟

- تَفكير: ما هِيَ الأَشْياءُ الَّتي أُحِبُّها في كُلِّ وظِيفَةٍ؟

- رَسم: أرْسُمُ صورَتي وَأَنا أَعْمَلُ الوَظيفَةِ الَّتي أُحِبُّها.

- مُلاحَظَة: أُلاحِظُ الأَدَواتِ الَتي يَسْتَخْدِمُها الإنسانُ في كُلِّ وَظيفَةٍ.

- بَحْث: أبْحَثُ عَن صوَرٍ لأغرِبِ الوظائفِ.

أفكار للأسرة والمعلّم... المرحلة الثانية

بعـد قـراءة المرحلـة الأولى، تتكـون لـدى الطفـل حصيلـة مـن الكلمـات تمكنـه مـن قـراءة جمـلة بسـيطة. وقـد حرصنُا في المرحلـة الثانيـة عـلى تكـرار بعـض الكلمـات والجمـل القصيـرة، وهـذا يُشعِـر الطفـل بسُعادة وثقـة لقدرته عـلى القـراءة والانتقال مـن صفحـة إلى صفحـة بسرعـة.

دور الكبار في القراءة:
قبل القراءة:
نقرأ العنوان وننظر إلى لغلاف، ونترك المجال للطفل كي يعلـق على الغلاف.
نفتـح الكتـاب، وننظر إلى الصـور، ونسـتمع لتعليقـات الطفـل، ونتدخـل بطريقـة تُـحفِّـزه عـلى الاسـتمرار في الحديـث، واستكشـاف صفحـات الكتـاب.
أثناء القراءة:
في هـذه المرحلـة قـد يحتاج الطفـل إلى المسـاعدة في نطق بعـض الكلمـات الصعبـة؛ ولذلـك يمكـن أن نسـاعد الطفـل عـلى نطـق أصوات الحـروف التـي يسـتطيع أن يُـمَيِّـزَها في الكلمـة، ثـم نُعطيـه مهلـة، ونُسـاعده عـلى إيجـاد أقرب كَلمـة مُناسبة، مِـنْ ناحيـة النطـق والمعنـى، مَـع الاستعانة بالإشـارة إلى الصـور، وفي حـال الجمـل المكـررة، يمكـن أن نرفع الصـوت في الحـرف الأول، ونشـير باليـد بمعنـى التكـرار، مـما يعطـي ثقـة للطفـل ودافعًـا إلى الاستمرار .